JN441233

포말이 된 가슴

유해상 시집

포말이 된 가슴

2026년 2월 23일 인쇄
2026년 2월 28일 발행

지은이 유해상

펴낸이 강경호 편집장 강나루 디자인 정찬애
펴낸곳 도서출판 시와사람
등록 1994년 6월 10일 제 05-01-0155호
주소 광주시 동구 양림로119번길 21-1(학동)
전화 (062)224-5319 E-mail jcapoet@hanmail.net

ISBN 978-89-5665-819-3 03810

값 12,000원

이 도서의 국립중앙도서관 출판예정도서목록(CIP)은
서지정보유통지원시스템 홈페이지(http://seoji.nl.go.kr)와
국가자료종합목록 구축시스템(http://kolis-net.nl.go.kr)에서
이용하실 수 있습니다.

포말이 된 가슴

初心

初心 二字

歲在二千十六年十二月 柳光詩人登壇祝賀
南原 東村 李秀永 拜

내 어릴 적 하얀 마음
빨간 홍조 입으로 곱게 써 내려
행여 번질세라 구길세라
가슴에 안고 전하는 마음

손안에 든 핸드폰 자판이
아롱거려 자꾸만 쳤다가
지우는 손이 적당히 어두워진
初心의 파랄 수 없는 순정

조근하게 쌓이는 첫눈을 기다리는
가슴 한켠엔
굿새를 감나무 끝에서 서성이는
까치를 기다리는 걸까

맛별리던 골목에서
이 길 저 길 기웃거리는
친구를 회상하는 그 여자를

사랑한다는 고백이야
아직은 정을 그리워하는
소박한 마음으로
널 기다릴게……

柳光의 處女作 사랑한다는 고백이야를 적다

등단 족자

제1부 사랑보다는 관심이야

제2부 그리움 한 포기

제3부 마음을 닦다

제4부 세월과 옹알이하다

제6부 황혼을 엿듣다

발문

포말이 된 가슴

제1부

눈썹달

눈썹달

자식 같은 틀니 한 벌
아흔하고 셋
치과, 통증클리닉, 신경정신과, 안과를
한 바퀴 돌면 지친 하루가 가뭇하다
치아와 말수는 줄고
가실에 나락 가마니 쌓이듯
늘어 가는 약봉지들
멈춰 선 시간마다 깊어지는 외로움
세면대 유리컵 속에
퉁퉁 불은 틀니 한 벌,
생의 통점이 바로 여기다
이즈음 눈썹달은 요양병원 침대맡에
쇠잔한 달빛을 읽고 있다
불러 세우지 못해 긴가민가하는 시간
다시는 돌아 볼 수가 없다
마지막 정신 줄을 붙잡으시던 그 자태
마음이 처연해 진다

곤포 사일리지
- 노을

오일장에 다녀오시던 아버지
손에는 목 졸린 갈치 꼬리만 너울댔지
검불 남긴 채 알곡을 훑어가는
트랙터의 야속한 몸짓에
낟알조차도 찾아볼 수가 없다
볏가리가 사라진 처연한 들판
짚단마저도 둘둘 말린 곤포 사일리지*로
다시 태어났지만
철새마저 계절을 잃은 채
먹이 쫓아 고향을 등 진지도 오래다
노을이 헉헉거리는 들녘
품앗이하던 날이면
막걸리 중발 부딪히는 넉넉함으로
너털웃음을 머금던 소소한 행복도 있었지
논둑의 풀마저 소스라치게 반갑지만
볏단조차도 힘겨워하시는 아버지
한 접시의 노을이
논두렁 끝에 걸터앉아 묵언 수행중이다

*곤포 사일리지 : 청초, 볏짚, 보리 따위를 비닐로 밀봉한 사료.

고금대교
- 장인丈人

툇마루 끝에 앉아
진돗개의 머리를 쓰다듬으며
하염없이 갯가만 바라보셨다
문어잡이로 평생
노櫓를 놓지 않으셨던 장인은
당신 마음만 두고 우리 곁을 떠나셨다
연륙교가 개통되던 날
미동도 없이 엎드린
선창가 진돗개 한 마리
장인의 혼령이라도 씐 걸까
그 안에 나도 어우렁더우렁
넋 놓고 바다를 바라보았다
허공 너머 넘놀던
쪽빛 바다 구름 한 폭엔
시선 가둔 채 장인은 말을 아낀다
고금대교*를 오갈 때면
내리사랑이 포말처럼 부풀었지만
명절이 다가오는지 물잦은 종이배 마냥
고금孤衾*에 덮인 치사랑이
물밑으로 가라앉는다

* 고금대교 : 전남 강진군 마량과 완도군 고금도를 잇는 연륙교
* 고금孤衾 : 홀로 덮는 이불. 곧, 혼자 쓸쓸히 자는 잠자리

교대 근무자

- 박쥐

동굴 천장에
세월을 거꾸로 세운 포유동물

낮과 밤의 환경을 적응하지 못해
허정거린다

명절조차 함께 하지 못하는
설움

낯설고 어설픈 엇박자는
하릴없이 맴도는 되돌이표가 된다

반향정위*로 살아온 그에게
삶의 변곡점은 또 시작되는 걸까

새벽 찬 공기에
담요 한 장을 소리 없이 걷는다

* 반향정위 : 동물이 초음파로 상대와 자기의 위치를 확인하는 방법.

노숙자

깡 소주를 마시고
웅크린 새우가 된다
밤새 기어드는 찬바람이
오목가슴을 짓누른다
내장을 버리고 지나던 빈 술병이 곁을 지킨다
라디오에서 '막걸리 한잔' 노래가 흐른다
공중화장실 세면대에서 세수를 하고
배낭에 추억을 담고 떠나야 한다
그는 설 땅을 찾지만 갈 데가 없다
또렷한 심지로 살고자 하지만
놔두질 않는 세파
한때 생채기를 달래주시던 아버지
눈물 핑도는 여명을 맞지만
북두칠성은 보이지 않고
주위에는 별똥별 뿐이다
그냥저냥 사는 게 무엇보다 힘이 든단다
힘에 부치는 아버지의 혼령일까
오늘도 묵묵부답

갯가를 들추다

- 풋사랑

빛바랜 '황산옥' 간판
낯선 갯바람이 살갗을 훑는다

'늴리리야 늴리리야 니나노'
젓가락 장단이 내장에서 꿈틀대더니
어깨춤이 절로 나온다

장대 같은 빗줄기
흥을 돋궈 쫙쫙 내려앉는다

젊은 호기처럼 바짓가랑이
걷어붙이고
한 여인을 향해 다가가지만

혀는 짧아지고 다리는 꽈배기처럼
꼬였다 풀리는 그이

'청춘을 돌려다오' 하고 내질러보지만
젓가락 장단은 소리를 내지 못한 채
방바닥을 구른다

모노드라마를 마치고, 만선의 부푼 꿈으로
옆구리 터진 그물을 꿰매고

북두칠성을 찾아 나서지만
희미하게 들리는 먼 뱃고동 소리

눈가에는 시린 기억들만 가득하다

사랑보다는 관심이야

내 어릴적 하얀 마음
빠이롯드 잉크로 써내려가며
행여 번질세라 염려되는 마음

손안에 든 핸드폰 자판이
아른아른 썼다가 지운다
눈도 적당히 어두워졌다

첫눈을 기다리는
가슴 한 켠
늦가을 감나무 끝에 까치가 앉길 바랄까

막걸리집 골목에서
이집 저집 기웃거리는
친구들의 선연한 그림자

사랑보다는 관심이야
아직 정이 그리워
널 기다리는 소박한 마음

뒷전으로 밀린 가이아

물 잡힌 함배미
모판을 가지런히 눕힌다
다랑논에서 허정대던
새끼 밴 누렁소의 일탈일까
손주 녀석의 듬성듬성한 앞니 마냥
씁쓰레한 미소를 건네는 자운영
누대에 걸친 삶의 터전
아직 논두렁 밑에 발이 시린데
힘 부친 내심을 아는 듯
그만두고 마실이나 댕기란다
봇물 터지듯 밀려드는
수입 먹거리
빌딩 숲을 얼쩡거리는
가이아*의 후손

*가이아 : 그리스 신화에 나오는 대지의 여신

러닝 머신

디지털 숫자에 맞춰 바삐 걷는다
그는 뒤뚱대는 걸음마를 시작하는
시시포스sisyphus
멈추었다간 꼬꾸라지고 마는
그 속도의 채찍질에
주위를 둘러보며 걸음을 재촉하지만
몸과 마음은 따로
제자리 뛰기를 반복한다
디지털 세대의 이방인
아날로그 숫자에 길들여진 그는
퓨전의 삶이 되어버린 채
덩달아 빨라지는 길의 액정에
사치스런 후회를 할 수도 없다
'싸목싸목'이라는 말도 아는
범생에게
낯설고 멀게만 느껴지는 챗봇chatbot
두루마리 자락을 흩날리며
저녁놀에 비껴 돌아오시던 아버지의 종종걸음이
이따금 눈물 가득 채운다
이젠 그의 가슴에는
아날로그 그리움뿐이다
그는 러닝 머 '시인seein'이다

노모의 바램

동이 트기 전
노모는 재활용 봉투를 되작거린다

실버카에는 부푼 기대만큼이나
폐지와 빈병, 깡통이 가득하다

요실금을 앓는지
몰래 엉덩이를 보이는 노모

게다가 관절염을 앓는지
심하게 절뚝이는 왼쪽 다리

시장바구니에
아침 찬거리를 챙기고

주섬주섬 주워 담듯
고봉밥처럼 담긴 실버 카

새벽 찬 공기에 신김치 가닥에
식은 밥 한 덩이

먹먹한 손자의 얼굴은
바스락거리는 여명에 묻힌다

가슴 쓸어내린 생채기

소슬바람에 마음이 시려
'구절초* 테마공원'을 허정거린다
마침 축제 기간이었어
구절초밭은 봇도랑 건너 언덕
발 디딜 틈도 없었지만,
파전에 막걸리 한 사발로 온 천하를 얻었지
음악 방송 디제이의 한 옥타브 낮은 목소리가
시간을 질끈 동여맨 채 쉬엄쉬엄 비탈을 올랐지
뭇사람이 훑고 지나간 꽃향기
소나무 밑 땅속 줄기를
가슴으로 쓸어내린 아홉 번의 생채기
된서리 오면 소리 없이 사라지지만
소여물 솥에서 줄기의 골수까지 다 내어주고
부인병은 단방약으로 팔려 나갔지
어머니는 판돈으로 늦둥이 막내의
청바지와 도꼬리*도 사주셨지
어둠이 곁에서 웅성거리는 서녘
어눌한 온갖 시름들
한 가닥 추억으로 날려버렸지만
카페에서 캐모마일* 차를 마실 때면
찻잔에 내려앉은 어머니의 향내가
내 눈가를 짓눌렀지

* 도꼬리 : 목이 긴 스웨터
* 캐모마일 : 국화과에 속한 허브 식물
* 구절초九節草는 아홉 번 꺾이는 풀, 또는 음력 9월 9일에 꺾는 풀이라는 뜻에서 유래. 선모초라고도 함

각개 전투
- 옹색한 출근

꿈 많은 소녀였지
덤으로 묻어가는 세상일까
흐린 날이 많았던 사치스런 후회보다는
비 개인 봄날도 있었다고
입가에 가냘픈 미소를 그린다
전투복을 입고 야간 각개전투에 투입될 때면
항상 가슴이 설레었다
부풀어 미처 끓지 못한 찻물처럼
파죽이 될 때도 있지만
좋은 사람이 많기에 한 가닥 희망을 캐려 든다
진상인 고객도 있는
그래, 자존심만은 지키고 싶다
꿈에 부푼 여전사는 박쥐처럼
노을이 지자 짧은 만남과 이별을 수없이 반복한다
그녀의 희망은
검은 카니발, 비좁은 품에서 벗어나려고
한 가닥 부름을 기다린다
한곳에 오래 머무는 게 유일한 바람이다
세종대왕이나 율곡 선생의 미소가
더 슬거운 하루 여정餘情
출입문에서 계급장을 보이는 도우미가

도와 달라고,
또 다른 하루를 건넨다

그리운 사람 냄새

사는 게 낯설고 무디어집니다

폭우 속을 달려온 자동차는
백미러로 세상을 볼 수 없었습니다

식어버린 별똥별만이
주위를 어슬렁거립니다

쇄석碎石처럼 모난 시간들은
피안으로 다가섭니다

고난의 순환일지라도
막걸리 한 중발에 세상을 풀어놓았지만
한 가닥의 희망마저 접어야 합니다

호주머니에 시간을 담아둔 채
말바우 시장이나 기웃거리며
화려한 추억을 되작거립니다

땀에 젖은 사람 냄새가 그립습니다만
무탈한 과거에 감사하며 당분간 쉬렵니다

고귀한 선물

거뭇거뭇한 쏘콜*은
추억일까 낭만일까

매일 시장통 '장미'가
담배 꼬나물고 골을 후려치더니
그 여파인 듯 지금도 가끔 머리가 띵하다

두드리는 젓가락 장단에
흥겨워 짖어대는
'꼭지 띤 유방 한 사라요'하는 추렴

한 옥타브 낮은 허스키한 목소리
나와 핑크 루주를 공유한
유난히 입술이 예쁜 그녀

고귀한 선물일까
양념이 덜 가신 푸념이지만
찢긴 가슴을 잠재운 빈 술잔

맨날 다가서는 오늘이지 만
못 잊을 추억의 시간 여행이었지

* 쏘콜 : 쏘주와 콜라

제2부

눈썹달

고독한 영혼

말 한마디에 숨 고르는 눈동자
울고 싶지만 눈물마저 바닥이다

매일 만나고 이별하는
가슴에 아리는 땀 냄새
고독이 눈 치뜨는 시간일까

목욕탕을 갓 나온 여인네
샤넬 향수보다 민낯 그대로가 더 좋다

이웃들도 하나둘 멀어지더니
어둠 속을 난도질당한 고독한 영혼

함께 할 영혼을 찾아
별빛을 되작거리며 북두칠성을 찾는다

잠자리에 든 고금*마저도
쉴 곳을 잃은 채 빌딩 숲을 떠돈다

* 고금孤衾 : 홀로 덮는 이불, 곧 혼자 쓸쓸히 자는 잠자리

그루잠에 취하다

반쯤 감긴 눈
문밖의 고요를 맛본다

나뭇가지를 휘감던 찬바람이
휘적휘적 쉴 곳을 찾는다

도깨비에 홀린 듯
늪으로 빨려가는 어눌한 고통

머리가 횅하고 손끝이 무디어 진다
이글거리던 심장마저도 식는다

간밤에 마신 세월은
나뒹구는 소주병들과
그루잠*에 취하고

수렁을 헤집는 시간
남루하다
꿈틀대며 스며드는 여명이다

문득
편히 쉴 집이 있다는 것이 고맙다

* 그루잠 : 깨었다가 다시 든 잠

그리움 한 포기

가슴 깊이 감춰둔 포기 사랑
시리고 아픈 황혼을 품어 버렸지만

그리움이 차곡차곡 쌓인 애틋함일까
자식들을 아스라이 되돌리는 어머니

가마솥에서 갓 긁어낸 누룽지 마냥
사각거리는 김치 맛이 눈에 선합니다

등허리 굽은 배틀 걸음으로
몸빼를 추기시던 쇠잔한 자태

막걸리 한 사발이
횡하니 떠나는 세월을 훑고 갑니다

서녘 노을이 검붉다지만
어찌 어머니 마음만 하오리까

끼

노을이 지더니 생이 휘청거린다
노래방 구석에서 개다리 춤을 춘다는 건
취했다는 증표
욕심일 뿐 술을 많이 먹지도 못한다
주색잡기에 빠져 살다 보니
수전증까지 와 버려
삶에 서서히 먹구름이 드리웠다
밤하늘 별조차도 볼 수 없고
희미한 인기척에 놀라 자빠진다
살아 있다는 안도감
내 쉴 곳은 어디인가
궂은 날보다 좋은 날들이 많았던
33년의 정든 직장을 떠났지만
가진 자와 없는 자의 공극에
물컹한 사나이 눈물이 젖어든다
후회가 없다는 건 새빨간 거짓말이다
산이 강물에 그림자를 드리웠다
연둣빛이 눈에 선하다
인생의 터닝 포인트가 시작되는 지점
뜨겁고도 설익은 끼가 시나브로 영글어 간다

낙엽

푸르던 잎새
그늘을 내주던 호시절도 있었지

덧없는 욕심 잠재운 채
말없이 떠나는 너의 뒤태

소슬바람에 몸치는
이리도 서글피 울어야 하는지

축 늘어진 어깨는
청상과부의 한 인양

지는 해가 아쉬워
몸부림치는 삶의 부산물일까

낙엽은 세월의 흔적마저도
기억할 수 없다

나뭇가지만 남긴 서덜처럼
젊음은 시나브로 초췌해져 간다

낯선 살풀이

땀에 젖은 멍에와
쟁기의 보습은 알싸한 기억

나이 든 황소가
비척대는 워낭 소리

귓전에 아른거리는
어지러운 시국의 호령

생이 끝나는 날까지
흙과 나뒹군 농사꾼의 후예

낯선 농산물에
정이 무르익는 서산 들녘이다

시름에 잠긴 농부는
막걸리 한 사발에 서툰 추억만 남는다

골든타임

마른 새벽 부시시 눈을 뜨지만
정적을 깨뜨리는 게 아니다
낯익은 커피 향이
서성대는 어둠을 문밖으로 밀어낸다
혼자만의 여유로운 시간에 흠뻑 젖어
할 일을 메모하고, 묵상을 한다
소소한 일들이 잘 풀릴 것만 같다
희망은 반드시 찾아올 거라고
넌지시 귀띔을 하는 부푼 태양
식어버린 추억들은
수직으로 솟구치는 우듬지
삶의 레일을 탈선한 회전문이 멈추어 선다
하지만,
뒤돌아볼 겨를도 없이
초바늘처럼 줄곧 움직여야 한다
쫓기는 일상에서도
놓치지 말아야 할 게 있다면
바로 '지금'이다

낯선 설렘

- 갓밝이

상념 다 풀어 헤치고 자신에게 최면을 건다
잘 될 거라 믿으며
긍정적인 마인드로 하루를 시작하지만
온갖 잡념이 주위를 얼쩡거린다
자꾸만 같은 동작을 반복한다
일상들은 오늘따라 새롭고
미스트롯 노래 가사도 삶의 비중을 보탠다
달빛 머금은 갓밝이가 다가오지만
모든 게 혼란스럽다
낯선 모닝커피를 마시며
지혜와 겸손으로
좀 더 신선한 하루를 맞이하고 싶다
스쳐간 연둣빛 사랑이 그립지만
세월의 덫에 그만 갇히고 만다
가까이 다가서는 마지막 손길
뭉개진 고금孤衾 한 장이
화려한 세월을 덮는다

능숙한 피날레finale

굳게 닫힌 마음의 빗장은
툰드라보다 더 차가운 유혹
그는 남자라는 이유로
묻어버린 지난 시간이 버거웠다
아련히 피어오르는 목소리는
시 낭송가의 휘청거리는 아우성
일상이 되어버린 마누라의 잔소리도
옥토로 변해가는 포근한 미소
세대가 조금씩 변한다지만
강물에 휩쓸리는 모래알 같은 삶은 싫다
당신이 덜 차가웠더라면 하는
바램도 있었지만
지금 이 순간이 더 좋다
동아줄로도 못 묶는 청춘
손주들의 재롱에 세월을 읽는다
오늘도 넘겨야 할 책장은
물 먹은 한지처럼 무겁기 그지없다
하지만,
능숙한 몸짓으로 피날레finale를 고백한다

다가선 일상

AI와 챗봇이 숨 가쁘게 달린다
스쳐가는 바람도 설고
한발 한발 내딛는 발걸음마저도
힘이 부친다
머거 주기가 되었는지
답답하리만치 펄스 응답도 무디다
매사에 신중하려 애써보지만
허점투성이라
모든 게 조심스럽다
계절을 지나친 철새처럼
무심 세월을 들추어 본다
지는 서녘 노을은
한 접시의 젊음을 끝내려 한다
삶의 궤도를 이탈한 아픔도
디딤돌 되어
허황된 꿈을 지그시 잠재운다
늘 그렇듯,
그는 가까이 다가서는 어둑새벽에
가녀린 희망을 걸어 본다

대가 없는 고통

침체의 늪일지라도
구차한 변명은 그냥 흘려보낼 거야

아픈 만큼 성숙해지는 걸까
소중한 건 단지 하나뿐

고난의 상처라지만
더 잘해주지 못한 슬거운 마음

아무런 대가없이
한 번쯤 겪어야 할 고통

당신의 디딤돌이 되고 싶었던
어설픈 일상이었지

깊어 보이는 개울물과
더디게만 느껴지는 빨간 불

바삐 스치는 파란 신호등
잊지 못 할 추억도 있었지

동녘의 희망

잠을 설친 건
엊저녁 허기를 달래준 볼가심* 때문일까
눈물마저 메마른 현실
반복되는 인생 역경이다
한 무더기 아쉬움이 남지만
갔던 길을 되돌아온다는 게
결코, 쉬운 일은 아니다
살면서 갯가의 갈대처럼
낭창낭창한 교훈도 맛보았다
벼랑 끝일지라도
희망의 끈을 꼭 붙들고
같은 실수만 번복하지 않으면 된다
하지만, 세상이 끝날지언정 후회는 없다
무심 세월을 거스를 수 없어
생채기만 남았지만
새벽하늘 성근 별 중에서
북두칠성이 유난히도 빛을 더한다
한해의 끄트머리에서
잘 될 거라는 깊은 심지로
새해를 포옹하련다
동녘에서 희망의 빛이 살째기 고개를 내민다

* 볼가심 : 아주 적은 음식으로 시장기를 면함

땔거리 하러 가다

- 검정 고무신

말랑말랑한 호기심으로
따라나선 검정 고무신
동네 형들과 방장산*으로
땔거리 하러 가는 날이다
나보다 큰 지게에
억새며
자장개비*
갈퀴나무
그득그득 짊어지고 기우뚱거린다
녀석도 나를 따라서 갸우뚱한다
토방에 웅크린 녀석이
노곤해진 몸으로
새근거리며 잠을 자고 있다
군불 지피는 사랑방 부엌
굴뚝에서 피어오르는 마른 향수鄕愁가
콧속을 후빈다
진짜 타이야 표 통 고무신 바닥이
다 닳은 시간이다

*방장산 : 전남 장성과 전북 고창에 걸쳐 있는 산
*자장개비 : 살아 있는 나무에 붙은 채 말라 죽은 가지

때 늦은 후회

대하大蝦처럼 웅크리고 그루잠이 들었다
누더기 내복을 입고
박스로 병풍을 만들어
밤새 추위를 막아 보지만
새어 들어오는 바람이
오목가슴을 짓누른다
깡소주로 현실을 마셔 보지만
금방 바닥을 드러낸
빈병만 곁을 지킨다
어디선가 흐르는 '막걸리 한잔'
아버지 원망했어요
공중화장실 세면대에서
세수를 하고, 배낭에 세월을 들쳐 멘 채
거처 없이 떠나야 한다
그렇지만 지금
생각나는 한 마디
인생 살면서 또렷한 목표
'돛 달듯 달고 살라'는
아버지 말씀이 생각이 난다
항시, 지난 추억은 아름답다

제3부

눈썹달

마실 나온 갯장어

- 지하철

붉새가 북새통이다
노을 내려앉은 갯가
하릴없이 모래사장을 서성인다
땅 밑 누비던 갯장어는
귀착지에 이르자
양식장에 밀리는 물고기처럼
승객들이 쏟아져 나온다
행선지가 같다는 이유 하나로
서로 눈만 거들먹거린다
한 번쯤 이탈하고픈 삶의 궤도
멈춘 에스컬레이터 센서 만 우리를 반긴다
출구를 빠져나오니 추적거리는 가랑비
준비 없이 곧장 뛴다
마음만 앞서지만
빈 택시는 보이지 않는다
잡힐 듯 잡힐 듯하면서도
만사가 지루한 빨간 신호등처럼 더디게 느껴진다
세상은
얼마나 무섭고 외로운 모놀로그일까
시진한 어항 속의 장어 마냥
구슬픈 해 질 녘 진양조장단에 애달프다

마음을 닦다

\- 구두

짝 발이 되었을까
몸이 균형을 잃고
바닷게처럼 자꾸만 옆걸음이다
뒤축이 일그러져 볼품이 없는
다 헤진 구두지만
빛바랜 세월 속에서도
첫 설렘이 쉬 가시지 않았다
사는데 바빠
평소에 관심을 두지 못했던
구두를 닦았다
마음도 함께 닦여
새록새록 정이 되살아나더니
더불어 영혼까지도 맑아진다

막내의 멘토

시멘트 포대에 갈치 꼬리만 너울대던
고창 3,8일 장場
두루마기에 중절모가 선연하다
지게와 연 자세를 만들어 주시며
목공 일을 유난히 잘하셨던 아버지
나는 어릴 적, 어깨너머 배운 손재주로
은퇴 후의 삶을 알차게 산다
짧은 시간이나마,
삶의 구구단을 가르쳐 주신 멘토
마치 부모의 맛을 알려 할 때,
서둘러 곁을 떠나셨다
지금도 약주 한잔 드시고
'막내야' 하고 부르는 것만 같다
아버지가 되기는 쉬워도
아버지답기는 어렵다는 말이 아직도 서툴다
술 한잔하고 터벅터벅 집에 올 때면
치사랑의 골은 더 깊어만 간다
붙잡지 못한 세월 탓인지
AI 시대를
따라잡기가 왠지 힘에 부친다
빛바랜 삶의 액정이
오늘따라 잔물결뿐이다

망각된 숫자

손때 묻은 아날로그
날이 갈수록 정은 쇠잔해 가지만

시간을 초월한
디지털 세대가 오목가슴을 짓누른다

복원할 수 없는 뭉개진 통증
붙잡을 수 없는 식어버린 감정

세월의 흐름을 깨우쳤는지
그는 잊혀진 숫자를 뒤쫓는다

청보리밭의 추억은 언덕 저편
잡풀만 가득한 서녘

들에는 가을걷이가 한창이다
이순耳順이 소리 없이 흐르더니

주머니 없는 삼배 적삼이 가까워진
하릴없이 분주한 하루

오늘도, 도란도란 세월과 옹알이하며
애써 흐른 시간을 덧댄다

모정의 인습

마파람에 흔들리는 당산나무
한 장 추억을 불러온다
가슴에서 가슴으로 전해지는 인습因襲
두 벌 김매는 칠월칠석에
닭백숙을 먹으며 정을 나눈다
땅강아지가 불빛으로 찾아모이듯
마을 사람들 밤마실로 찾아드는 곳
금성 라디오에서는
대한뉴스와 사극이 한창이다
학교 오가며 그늘로 한 쉼
어르신들 농사일하다 또 두 쉼
정월대보름 멧굿 칠 때 세쉼
마을의 대소사에
불길한 징조 보일 때면 당골네가
온 힘을 다해 소원 빌던 당산나무, 여기
단잠에 빠지는 고즈넉한 오후
모정茅亭 앞으로 흐르는 도랑물은
여전히 묵언 수행중이다
그는 멍때린 채 고향을 훔쳐본다

목마른 사슴

때론 친구를 동경하지만
한잔 두잔 권하는 게 우정이 아니야
맥없이 쓰러지는 술병에
아름다운 추억도 그냥 묻혀버린다
머리를 절레절레 흔들며
불만을 토해내는 미숙한 푸념
이리도 쉬 망가져 버릴 줄
신발 뒤축이 닳는 뭉개진 아픔도
소리 없이 넘어진다
무심코 던진 말에 괴로워하지만
신작로를 바짓가랑이로 쓸어내리는
취중의 세태도 있었지
그의 동강난 가슴을 누가 알리요
심정은 그게 아니었는데
퍼 댄다고 가버린 사랑이 온다던가
술이 땡기는
목마른 사슴은 사랑을 갈구하지만
인생 별거 없어
살아 있다는 게 행복이 아닐까
살포시 손을 꼬오옥 붙잡는
친구들

뭉게구름의 실상

- 감리의 세태

그는 공사 감독도 아니고
현장을 뛰는 인부도 아니다
이리저리 떠도는 뭉게구름처럼
공사 현장을 부유浮遊하는 '공사 감리'다
작업 전 안전교육 사진이나 찍히는
솔리타리 맨solitary-man
인부들이나 신호수처럼 마냥 몸을 쓸 수도 없고
감독처럼 사무실 책상 앞에 앉아 모니터링만 할 수도 없다
현장을 오가지만
몸은 얼어붙고 마음마저 식어버려
연어처럼 자꾸만 과거로 회귀한다
식사 시간만 기다리는 그는
앞 못 보는 장님이 이역만리를 볼 수 있다고 한다
춥고 배고프고 졸리기만 한데
북두칠성은 눈에서 멀어지고
별똥별만 주위에 몰려든다
그는 오늘도 서류 파일을 들고
작업 현장을 빙빙 거린다
생계형보다는
생활형 인간이기에 안도의 숨을 내쉰다
여기까지 함께 해준 아내에게 고마움을 느끼며

‘안전이 최우선’이라고 소리쳐 보지만
닿지 못하는 곳까지 희망의 촉수를 세우는 게 버겁다
뭉게구름도 들이댈 곳을 찾는다

뭉개진 세월

- 달력

울목에 걸려 사랑받던 추억도
디지털 시대에는 옹색한 변명

열두 자식 거느리며
유난히 빨간색을 기다렸고
동그라미 친 날은 반드시 기억해야 했다

길게만 느껴지던 봉급날
조건반사에 길들여진 연못의 잉어 마냥
이제, 연금 날만을 기다린다

강한 의지도 점점 부스러지고
마지막 슬립을 벗으면,
세월을 가슴에 묻은 채 또, 그녀를 떠나보내야 한다

돌이킬 수 없는 시간이지만
찌푸린 날보다 웃는 날이 더 많았다

새날은 기필코 밝은 태양이 떠오른다
희망을 저버리지 않고 최선을 다해 살거다

밀당의 달인
- 자석

사는 게 무의미해
막대자석을 두 동강이 내보았지

남북이 허리를 무지른 것처럼
기본 극성은 변치 않는 음과 양이었어

자웅이 한 몸으로 살아가는
메마른 운명

생활 가전, 상용화된 모터도
자석의 회전이거든

밀고 당기는 힘겨루기는
보수와 진보의 치열한 분쟁

자석이 된 철에 퀴리온도*를 가하면
말기 암 환자처럼 자기磁氣 본성을 잃는다

* 퀴리온도 : 물질이 자성을 잃게 되는 임계온도
≒ 570℃

바람에 관하여

망월望月이 되어도
속을 다 채우지 못한 생이 휘청거린다
태풍이 불면 비를 앞세운 탓에
폭풍이 일고 혼란스럽다
들쑥날쑥한 마음을 가라앉히려
해장에 깡 소주 한 병을 마신다
'다 부질없는 짓일 거야' 하면서도
취하고 싶다
잡다한 생각들이 나뒹구는 십 여리 백사장
맨발로 비척대었다
이웃들에게 외면당한 쓰레기들
무게 중심을 잃어
그를 불러 세운다
태풍이 무사히 지나가길 바랄 뿐
더 이상의 바람은 없다
찌그러진 세월 속의 복원력을 되찾은
삶의 변곡점일까
오잘공* 샷을 기대한다
뒷바람처럼 비틀거리는 누군가의
등을 다독이고 싶은 바람이다.

*오잘공(골프용어) : 오늘의 라운딩 중 제일 잘된 샷

변해야 합니다

그루잠에서 깨어
실낱같은 하루가 시작됩니다
학창 시절에 배운
삼각함수와 복소수 벡터, 미적분을 반복하면서
행복으로 여깁니다
달달한 모닝커피 한 잔이
한 줌의 허기를 다독입니다
막바지에 이른 독재도
문민정부는 무너뜨렸습니다
독선과 아집으로 뒤범벅이 된
나[我]부터 변해야 합니다
고인 물은 썩기 마련입니다
먹이를 찾기 위해
일찍 일어나는 새가 되어
변화된 삶을 살고 싶습니다

북을 돋다
- 퇴직 이후

얼마나 많은 그늘을 지나왔을까
아파트 청약하러 이리저리 몰려가는 사람들
떼 지어 나뒹구는 낙엽 같다
돈만을 찾아 쫓기는 삶이었지만
열정을 다 바쳐 햇살을 만들었지
지금은 중환자실의 환자들처럼
링거를 달고 마른 몸으로 이별을 준비한다
햇살은 그늘에서 뼈다귀로 남았지만
외로운 노후, 수족을 잘리는 아픔도 받아들여야 한다
겨울이 다가오니
그늘진 일들이 눈송이처럼 불어난다
겉옷을 벗은 나무뿌리에
두둑한 북*을 북돋아 주어야겠다
소슬바람이 불어온다
불알친구에게 걸려 온,
안부 전화 한 통
포근한 햇살인 양 시린 마음이 녹는다

*북 : 식물의 뿌리를 싸고 있는 흙

비누

몸에서 단내가 난다
주독을 달래려 사우나로 향한다

쇠진해진 몸이지만
왼 정성을 다해 살갗을 문지른다

물거품으로 사라지지만
소소한 행복을 건네는 오랜 벗

화려한 삶은 아닐지언정
하루에도 수없이 느끼는 감사

우리는 서로 등을 내밀며
삶의 궤도를 공유한다

비누 거품과 동행하는 설렘
햇살을 내려놓는다

빛바랜 구두

어릴 적, 그이가 즐겨 신던 신발은
바닥이 늘 차가웠습니다

낡아져 볼품은 없을지언정
아버님 신발보다는 훨씬 좋습니다

큰딸마냥 정이 새록새록 한
다 닳은 구두가 세월을 기웃거립니다

지나온 세월에 짝발이 되었는지
뒤축이 한쪽으로 기울었습니다

자기 기준을 맞추려는 새것보다는
마음을 헤아려 주는 애틋함일까요

몰래 버릴까 봐 신발장 안에 숨겨둔
빛바랜 구두를 사랑합니다

제4부

눈썹달

뻘밭에서 희망을 캐다

정 둘 곳을 찾지 못해
들쭉날쭉 하는 갯가에서
질근질근 과거를 곱씹으며 추억 한 움큼 마셨지
앞세운 비가 태풍이 될 때면
온갖 상념들이 백사장을 휩쓸지만
어머니의 품처럼 모든 걸 받아주는
쪽빛 바다
모든 걸 맡긴 채 맨발로 뚜벅뚜벅 걸었지
무게 중심을 잃은 부표 마냥
부질없는 짓
도대체 헤어날 수가 없었어
내 안의 나를 찾아보지만
남은 건 아물지 못한 상처투성이
갈기진 가슴은 쉬 돌아오지 않았지
입가엔 가녀린 미소만 돌고
썰물에 몸을 맡긴 채 뻘밭에서
'나도 할 수 있다'는 한줄기 희망을 캐냈어
거창하지 않은 소박한 바램을

상처를 깁다
- 뭍

발길 가는 대로 걷다 보니
한적한 방파제에 이르렀다
갯가에는 뭇사람들이 쓰고 버린
스티로폼과 페트병이 맥없이 허우적댄다
맨발로 백사장을 걷는데
빛바랜 소주병이
'너도 취해 보았냐'고 불러 세운다
청춘을 아낌없이 바쳤노라고
발로 걷어차며 고함을 쳤지만
남는 건 발바닥 통점뿐이다
정직한 삶을 걸어왔지만
바람에 흔들린 무게 중심은
생의 터닝 포인트일까
오롯이
뭍까지 떠밀려 온 그이는
이별의 상처를 한땀 한땀 깁는다
스쳐간 사랑은 소나기일까
비 멎은 갯가엔 쪽빛 바람만 그득하다

상현달

물 밑을 허정거리는 달그림자

살이 차오르기 전
구름에 가려 빛도 못 본채 생을 마감했다

자식을 가슴에 묻은 부모의 마음
해 질 무렵 녹초가 되어 집에 돌아왔지만

현관 번호 키를 누르는 소리마저
'살려 달라' 울부짖는 환청으로 들렸다

차디찬 달빛에 물 머금은 객선은
잔별 눈동자에 실금 물결뿐

만월이 되지 못한 채 떠도는 영혼들이
어두운 팽목항에서 서성이고 있다

세월의 침묵마저 도용당한 저 아득한 곳

서툰 미소

관심이 조금 모자랐을까
유약이 부족했을까
왠지 여운이 남는다

설익은 옹기는
어설픈 어색함이 더 좋은 세상으로
우릴 잡아두는지도 모르지

시진澌盡한 표정보다, 서툰 미소가 좋다
사람은 빈틈이 있기 마련
부족함이 더 나은지도 모르지

완벽이란 없더라
허점은 아름다움일지 몰라
밀고 당기는 세상이니까

서툰 일상
- 고마운 당신

시간의 언덕 저편
오곡 들녘을 스치는 바람처럼

가슴 한구석에
꼭꼭 감춰둔 불씨처럼
대천 바닷가 추억도 묻어 버리고

파도처럼 쉬지도 못한 채
사는데 바빠 뒤돌아보지 못한
서툰 일상

항시 웃음 주고
함께하는 모습에
아이들은 자랐습니다

어린 나이였지만
빨간 반바지에
내 마음을 꼭 붙들어 준 당신

늘 처음처럼 살고 싶습니다
이제라도 고맙다는 말을 전하렵니다
사랑합니다

성숙된 아픔

침체의 늪일지라도
구차한 변명쯤은 흘려보낼 거야

아픈 만큼 성숙되는 걸까
소중한 건 단지 하나뿐

아무런 대가없이
겪어야 할 한 차례의 고통

숨 가쁜 일상 속에서도
마중물이 되어준 그녀

환란의 아픔이지만
더 잘 해주지 못한 슬거운 마음

더디게만 느껴지는 빨간 불에
바삐 스치는 파란 신호등

오늘도
감사하며 하루를 시작해야지

선불이 된 하회탈

혀가 꼬이고, 다리는 비척인다

취중에 똥고집을 피워보지만
아침이면 도로아미타불

취하면 말도 안 되는 말을 풀어놓고
끌텅*을 파버릴 요량으로 사사건건 따진다

이내 건너지 못할 강을 건너고 나서야
제 성질을 속속들이 들여다보는 그이,

자책골은 깊어만 가고, 또다시
독주獨酒를 외로움의 벗으로 삼는다

엄벙덤벙 지나온 날들
지난 시간에 반비례하여
말수는 줄고 낯짝은 두꺼워진다

하루가 짧다 푸념을 하는데
서산의 붉새는 한숨으로 옮는다

오랜 침묵으로 벽에 걸린

선불이 된 하회탈을 지켜보는 게
그나마 다행이다

하회탈도 그에게 미소를 건넨다

* 끌텅 : 그루터기(고창,순창,정읍,부안지방의 방언)

세월과 옹알이하다

돌이킬 수 없는 으깨진 청춘

식어가는 감정은
시간의 흐름을 깨우쳤는지
망각한 숫자만 뒤쫓는다

그는 노인일까, 어른일까
소리 없는 추임새를 넣는다

손때 묻은 아날로그 세간살이
날마다 정은 쇠잔해 간다

예상을 뒤집는
디지털 세대가 감당하기 버겁다

청보리밭의 추억은 시들고
잡풀만 우거진 들녘

주머니 없는 삼배 적삼을 생각하면
거처 없이 분주한 하루였지

서녘에는 가을걷이가 한창이다
그는 도란도란 옹알이를 한다

세월의 체취
- 첫눈

집시랑 밑에 내려앉아
너의 발자국을 기다리던 바램

기별 없이 다가와
흔적 없이 사라지는 첫눈

식어가는 심장일지언정
한때는 너의 영혼까지 녹였지

잊혀져가는 세월의 체취
훈김으로 자투리 인생을 살고 있지만

우리는 드넓은 공간에서도
늘 밀어내려는 습성이 있었어

자성磁性 잃은 쇳덩이처럼
어리바리한 세상을 사는 게 아니야

첫눈을 기다리며 먼 산 바라보던
목줄 맨, 맹구의 어이없는 바램일까

소박한 바램

- 아내의 고마움

수십 년 길들여진 습관에서
튕겨 나오는 엉뚱한 행동
이른 새벽, 현장 출근을 위해
주섬주섬 보따리를 싼다
아옹다옹 살아온, 아내의 잔소리에
고맙다는 말은커녕 목소리만 키운다
따뜻한 말 한마디 못 해준 걸,
수 없이 후회하지만
돌처럼 굳어버린 머리를 탓하기 전에
지금이라도 당장 '사랑한다고' 표현하고 싶지만
그는 수줍어 엉거주춤 딴청을 피운다
사는 게, 처음처럼 늘 새롭다
소소한 것에도 고마움을 느끼며
가슴으로 전하는 당신이 있기에 행복하다
묻혀버린 청춘이지만
아프지 말고 오래오래 함께했으면 하는
소박한 바램이다
뜨거운 가슴을 갖게 해준
아내에게 그이는 진정 고마움을 느낀단다
밀고 당기는 세월의 잔해가 너무 깊다

쇠잔해진 아날로그

– 권척

수용가 부담금을 산정算定하기 위해
무논을 헤집고 다니던 시절
마음은 늘 넉넉했고, 커다란 행복이었어
항시 지니고 다니던 줄자,
길이와 깊이를 측정하지만
마음의 치수도 넉넉하게 잡아야 했어
바퀴를 굴리며 거리를 재는
아날로그 숫자에 익숙해서인지
필드에서 거리를 재는
디지털 숫자는 낯선 이방인
식사 후 계산대 앞에서
마지못해 품 안에 든
권척卷尺*을 내보일 때면
먼 곳을 바라보는 버릇이 생겼지
그이는 가슴속 권척을 얼마나 내보일까
지금도 고민 중이다
모난 시간이지만
둥글둥글 후의를 베풀며 살고 싶단다

*권척卷尺 : 헝겊이나 쇠 따위로 길게 만든 줄자

스치는 일상

계절을 떠미는 빗줄기
잠에 취해
쉴 곳을 찾아 떠나는
나뭇잎 깨우던 바람
도깨비에 홀린 듯 쉴 틈 없이
늪으로 빨려들었던 어눌한 고통
휘휘한 서녘 노을
손끝이 무디어지더니
달구어진 심장마저도 식어버린다
간밤에 마신 소주병들이
그와 함께 그루잠에 취하기도 한다
수렁을 빠져나와
냉골의 시간이 지나고
가녀린 여명이 곁에서 꿈틀대더니
삶의 휴지부를 찍는다
주고받을 수 없는 사랑이기에
조심스레 중앙선을 훔쳐본다
밀고 당기는 시간 속에서
추적의 발자취를 감추고
각자 갈 길을 찾는다
사랑은
일방통행이 아닌 양방향이 아닐까

슬거운 친구들

한잔 술은
무심 세월의 흔적

곁에서 휘청거리는 빈 병은
영글어 가는 우정

패기 넘치는 술잔에
꽈배기처럼 비틀대며 가눌 수 없는 몸

아물지 못한 상처를 감싸주는
친구들의 듬직한 뒤태

있는 듯 없는 듯 서로 토닥이며
손사래 치지만, 늘 슬거운 친구들

제5부

눈썹달

아카시아

쏘가리 철을 알리는 연락병일까
벌통을 실은 용달차가
여장을 푼 섬진강변이다
루어 낚시가 한창인 물가에
코끝에 머금은 아카시아 향기
꿀을 따기 위해 파시波市처럼 몰려든 이방인
벌들은 쉴 틈 없이 꿀을 따지만
할 일 없이 어슬렁거리는 주인에게 화가 치민
벌떼의 반란이 시작이다
돌변에 당황한 주인은
매캐한 최루가스로 막아보지만
막무가내로 덤비는 일벌들
살 곳이 마땅치 않아 둔덕길에 군락을 이룬
아카시아
그를 죽이기 위한 제초제와
살가죽이 벗겨지는 고통도 감수해야 했다
대쪽 같은 성질에 위로만 뻗어
그늘도 만들어 주지 못해
이웃들이 무심코 던진 언행에 상처 입고
고국, 동부 아프리카가 그리워
마른 눈물을 훔친다
낯설고도 익숙한 타향살이

하지만, 아카시 향기에 매료된
쏘가리는 너른 바위 밑에서 열애 중이다

어머니의 손맛
-김장

희부연 서녘 놀
대야에 절퍼덕 엎드린 세월
절임 배추는 양념으로 뒤범벅이 된다
자식들 밥상머리 밑반찬 걱정하시며
쯧쯧거리는 비아냥 소리
손가락으로 간을 보시는 걸
언제나 그만두려는지
여전히 변함없는 감칠맛
밥심으로 사신다며
헐렁한 몸뻬를 추기시던 자태
새우등 같은 곧추세운 허리
배추 겉으로 포기 감싸던
모습이 자꾸만 눈에 밟힌다
딤치*를 차곡히 채울 때면
포기마다 자식 사랑
수육과 막걸리에 매료되어
가슴엔 하나 가득 그리움뿐이다
자꾸만 눈에 밟히는 미뢰味蕾*일까
다 닮은 추억이지만, 당신을 사랑합니다

* 딤치 : '김치'의 옛말
* 미뢰味蕾 : 혀에 분포되어 있는 세포의 모임

어머니의 체취
- 억새

어둠이 휘청거리는 해질 녘
무등산 중봉, 평전에 펼쳐진
억새 군락
갓 잡아 올린 생선 비늘마냥
은빛으로 무장한 억새꽃
찬바람에 냇내가 콧등에 가물거린다
억새는 수만 번을 팔딱거렸지만
결국 억세게 살다 비늘 꽃으로
날아간 어매
바른 길만을 고집하더니
소슬바람 속에
세월만 질끈 동여맸지요
억새처럼 억세게 살지 말라던 어머니
찬바람에 오목가슴이 저려옵니다
한 접시의 보드라운 저녁노을이
곱게 식탁에서 불타고 있습니다

* 광주문협 '2025 시화전'

어머니의 품
- 바다

진흙탕인 뭍보다는
탁 트인 바다에 안기고 싶었다

엄마 품처럼 바다는
갖은 시련에도 휘말리지 않았다

너른 가슴으로 안아주시던
근엄한 자태

살아생전의 인자함을
아무리 따라 하려 해도 쉽지가 않다

풍랑특보에 치사랑의 골은 깊어 가지만
기회는 항상 주어지지 않는다

기도가 소홀했던, 철 지난 후회
내색하지 못한 채

드넓은 바다로 떠나신 어머니는
가슴이 늘 쪽빛이었다

어버이날에

-달걀찜

늘 바가지 긁히는 술
해장국 끓이려고
냉장고 속을 되작인다
김치찌개를 하려니 고기가 없고
된장찌개를 하자니 두부가 없다
내 숙취의 미뢰味蕾를 건드리는 것이라곤
달걀찜뿐,
짭조름한 게 어머니의 손맛이다
부풀어 오르는 어머니
앞치마 두르고
사뿐사뿐 걸어 오신다

엇박자 시즌
- 벚꽃

바람에 흩날리는 음표
길바닥은 눈밭이다
갓 잡아 올린
물고기 비늘처럼 빛이 나지만
팝콘마냥 꽃망울이 터질 때면
비바람은 기별 없이 찾아오는 게스트
잡초 위로, 길바닥의 오선지에
내려앉은 쉼표
앞서거니 뒤서거니
비늘이 벗겨진 주맥과 지맥은 서덜*
이별할 채비를 서두르는 벌들은
일 년을 기다려야 한다
벚꽃은 엇박자로 내린 함박눈일까
그는, 그늘진 세월이지만
생채기 난 마음을 잠시 깁는다

*서덜 : 생선의 살을 발라낸 나머지 부분 즉 대가리 · 껍질 따위

외길 인생

땡볕 비출 때면
갯바람 그을린 매무새

파도 소리 비치는
손자들의 애틋한 그림자

모래 위의 배틀걸음은
흔들림 없는 외길 인생

당신이 부럽습니다
어머니, 사랑합니다

외도外島

마누라의 목 늘어난 양말처럼
자꾸만 느슨해진 삶이 싫어
이른 새벽 일탈을 꿈꾸며 무작정 떠난 곳
외도外道 아닌 외도外島
경상남도 거제시 일운면 외도길 17
보타니아를 향해 남해 고속도로를 달린다
휴게소에서 마시는 라떼latte 한잔
친구는 좋다는 표현도 못 하는 모지리
분위기에 젖어 눈만 껌벅거린다
유람선 갑판, 짙은 선글라스를 스쳐 가는
갯바람마저 풋풋하다
선상의 외 갈매기는
삶의 본질마저 포기한 노숙자마냥
던져준 새우깡에 마냥 행복해한다
그는 노래방을 생각하며
짭조름한 새우깡으로 세월을 적신다
베이스와 에코가 듬뿍 들어간
방파제에서 막 회 한사라에
슬픔과 고통, 번민을 초장에 버무린다
소주 한잔이 창자를 훑고 내려가니
사지가 나른해지고
쇠잔해진 삶이 자꾸 꿈틀댄다

그는 행운의 남자인가 봐
애마愛馬는 외도外道를 꿈꾼다
멈추지 못한 바람처럼 결코 후회 없이
계속 달리고 싶단다

외로움의 체취

2,4,7,9는 말바우 장
코를 들쑤시는 사람 냄새
어물전에서 덤으로 얻은 바지락마저
살겠다고 입을 벌린 채 시간을 토하지만
눈물처럼 떠도는 매캐한 갯내
싸고 또 싸보았지만 국물이 흐르고 말았다
완벽이란 없었다
염장된 추억도 만장輓章처럼 꿈틀대지만
비닐봉지에 꾸깃꾸깃 밀어 넣었다
일회용처럼
실떡벌떡한 세상을 살고 싶지 않았다
쓰레기로 생을 마감하는 기구한 운명은
가녀린 체취라도 남기고 싶었을 뿐이다
사치스런 고독일까
그는 시장을 떠돌다 지쳤는지
허공을 가로지르는 수척한 몸짓은
알콩달콩한 인정에 취했다
순대 한사라에 입주立酒 한 잔으로
모든 시름을 내려놓는다
사람 냄새가 그리웠는지
깊어지는 홍정은 갈수록 무르익는다
서로에게 흐뭇한 모습이다

하지만, 뭇사람들은 오직 경기 타령이다
빈 가게가 늘 때마다
그이도 가슴이 아프다
외로워하는 게 사람일까

외투를 벗다

찌든 담배 연기가
언덕 저편 기억 속으로 묻히고 마는
뭉그적거린 순간들

버거운 외투를 벗고 보니
장대 빗속을 질주하는 자동차 마냥
백미러에 세상이 보이지 않았습니다

스치는 일상, 마땅히 할 일이 없어
막걸리 한 사발에 여한을 털어놓습니다

삶의 뒷길에서 누군가를 기다립니다만
냉정한 세월은 기다려 주지 않았습니다

사는 게 낯설고 힘이 들 때면
친구들의 땀 냄새가 그립지만

당분간은 혼자이고 싶습니다

우듬지에 매단 둥지

사삭스러울 정도로 건강을 챙기자는
값진 푸념
고인이 된 '병만'씨와 태엽을 되돌리며
상념이 가슴에 묻혔다
담소의 주제도
술에서 건강으로 바뀌었다
자연인이 돼버린 그는
애써 천장 위 북두칠성을 물끄러미 찾는다
직사각형의 테두리에서 멀어지려는
서툰 관성으로
호랑 없는 수의마저 따돌린다
병원 앞을 서성이는 신세는 되지 말아야지 하고
'걸어야 산다'는 표준이 된 진리로
하염없이 걷는다
우연히 길을 걷다가 은발의 노부부를
만났다
추임새도 샛노란 봄이었다
그이도 멀리 뛰기 위해 움츠리지만
기필코, 꿈은 이루어 진다
다기의 찻물이 꺼져가지만
서녘에 저무는 노을이 더 붉다

＊ 2025년 12월 18일 오리의 집, 동기 임을 댕겨와서

이지러진 하현달
- 반려견

어둑새벽, 고샅길
창문을 넘는 인기척
노모 곁에는 '스피치'가 시간을 읽는다
자식들을 대처로 내보내고
핸드폰 벨 소리만 고대한다
큰 손자의 돌 사진
기다리다 지쳤는지
걸음걸이가 비틀거린다
자식들은 CCTV로
노모의 자는 모습이며
부엌, 화장실, 마당까지 모니터링한다
그녀는 철창에 갇힌 강아지
「아롱아」 일어나서 밥 먹자
오늘은 유모차 타고 「다롱이」에게 마실 가야지
앞을 못 보는 강아지에게
혼잣말 던지는 노모
대화 상대를 찾아 구석구석을 킁킁거린다
하현달이
찬 공기를 소리 없이 걷어 낸다
여전히 말을 아껴야 할까 보다

장모님의 사랑

포말이 된 부푼 가슴으로
행신역으로 향한 KTX

안동 국밥 한 그릇으로 시장기를 달래며
처남들과 소주잔을 기울이던 훈훈함이
아직도 가시지 않았습니다

사대四代가 모인 강화도 '저어새 펜션'
오십여 명의 후손들이 알콩달콩 모인 곳

가족애가 남달랐던
해맑은 미소는 추억 속으로 사라지고
생채기만 가슴 깊이 남았습니다

코로나에 길이 막혀
돌아오지 못할 먼 길을 떠나셨지만

애써 먼 산을 바라보시며
자손들 무탈을 기원하던 장모님

당신이 남긴 채취는 깊어가지만
후손들의 치사랑은 점점 야위어 갑니다

제6부

눈썹달

잿빛 하늘
- 고요 속의 빈 잔

이웅고, 중 3때 소천하신 아버지
덕분에 소년 가장의 문이 열렸다
학교에서 돌아오면
두렁태*를 거두어 앞마당에 볕을 펼치고
도리깨질을 해야했다
아버지 도리깨는 360° 회전했지만
풀 스윙 동작이 쉽지 않다
곁에서 사부작사부작 콩꼬투리를 두들기시는
어머니
인고로 지켜온 늦둥이 막내는
숨겨둔 자존심마저 버렸다
평소에는 변명도 아낀다
취하면 사사건건 말꼬투리를 붙잡는
못된 버릇, 그 누명이 죽기보다 싫었다
곁에서 던지는 가시 돋친 한마디
가슴을 후벼 팠다
술 먹으면 주사酒邪가 있다는
애먼 소리가 듣기 싫어
그는 지금 「고요 속의 빈 잔」이다
잿빛 하늘은 휴화산일까
불타던 서녘 빛은

첫차를 기다리는 한 종재기의 설렘
월동 채비를 주섬주섬 서두르며
장밋빛 앞날을 기대한다

*두렁태 : 논두렁이나 밭두렁에 심는 콩.

첫 세상 구경

- 수박

마른 눈물 삼키며
숨죽인 채 살아야 했던 타관살이
천둥번개가 치던 날
줄기 부여잡고, 어설픈 바램도 있었지
몸은 수십 갈래의 얼룩을 남겼지만
살았다고 안도의 한숨을 내쉬는데
노크를 한다
어미와 생이별을 알리는 소리일까
새끼들은 숨죽여 기다렸지
싹둑 탯줄이 잘린 채
훈련을 마치고 자대 배치를 기다리는 신병들처럼
집결지는 가락동 농수산물 도매 시장
황토에서 자란 수박은
중개인의 방언과 손짓으로, 최고가 경매를 받았지
우쭐대는 소리,
"고창 대산수박이여" 하고 명함을 내밀었지
삼복더위에 한몫을 해왔던 우리
세상 구경을 처음 맛보지만
낯선 타향에서 명품이 되기까지는
보이지 않는 깡도 있어야 했고
선의의 위선도 해야 했지

참고 살아온 날이 있었기에 오늘이 바로 서는 거야
가도 가도 끝이 없는 황톳길
내 고향 전라도

전복全鰒

몸을 만지자 깜짝 놀라
사지를 오므린다
양식장에서 군집하여 다니는
고기 떼를 보고 자유가 그리워
바깥세상으로 나갈 시간만 기다린다
뭔가 서운한 듯 꿈틀대며 내장에는
다 소화되지 못한
아쉬움이 파랗게 남아 있다
뭍으로 시집오던 날
단단한 껍데기만 남긴 채
말기 환자의 보양식으로 찜했다
많이 아픈 곳부터
눈의 여백을 두기로 했다
살려는 의지는 결코 비밀이 아니었다
이별은 아직 이르다
시한부 인생을 선고받은 그녀는
얼마 남지 않은 시간을
어떻게 보내야 할지 막막하기만 했다
참는 울음보다
헤픈 웃음이 더 편했다
기억나는 시간만 쓰기로 했다
그는 여생을 어떻게 전복顚覆시킬까
깊이 고민중이다

타워크레인의 사투

까치발 하나에 몸을 맡긴 채
갖은 응력을 이겨낸 구조역학의 산물

외로운 사투를 벌이는 그를
'골리앗 기중기'라 부른다

땅뺏기에서 밀려
무두질*하는 허기 탓일까
우듬지는 흔들리기 시작했다

국경을 넘어선 공사장에
우리말과 베트남어로 혼재된 구호

더불어 '안전이 최우선'이라는
감리의 간절한 부탁은
고요 속의 함성이다

흔들리는 지축이지만
이글거리는 현장
치솟던 열기를 내 뿜는다

* 무두질 : 매우 시장하거나 병으로 속이 쓰리고 아픈 것을 가리키는 말

황혼을 엿듣다

- 갈대

갯내에 익숙한 갈대는
소슬바람에 몸을 맡긴 채
케 세라 세라
막춤을 흔든다
배경 음악도 없고
관객도 없지만
갯바람에 그들끼리 한바탕이다
도랑 저편에서 무질러 오는
계절의 거친 손은 야물다
메마른 뻘밭의 울음
창공을 가르는 철새들의 날갯짓에
갈색 머리털을 흩뿌려 대는
한해의 이별 여행인가
황혼을 엿듣는 소탈한 몸치
갈대도
서녘으로 지는 검붉은 노을이다

회전문

수많은 기착지를 돌려세운다
건널 수 없다
발바닥은 희망을 통과하기도 바쁘다
'서류는 그곳에 놓고 가세요'
경리 아가씨의 거들먹이는 소리
그는 세월 거스르는 연어가 된다

암전이다
회전문이 뱅글뱅글 돈다
뒤돌아보는 습성이 잦아졌지만
이력서 들고 또 하루를 컹컹거린다
발바닥은 불어터진 라면 발이 되고
남은 건 통점뿐이다
서녘으로 가는 노을
뜨는 해보다 지는 해가 더 검붉다

10.29 영혼

국화 한 송이 조심스레 내려앉는다
빌딩 숲에 가려진 압화 된 영혼

만남보다는 얼쩡거리는 삶
어둠을 난도질하는 별빛

외로움이 묻어나는 시간일까
하찮은 말 한마디에 흐느끼는 눈동자

같이 울어줄 친구를 찾아
오늘도 여전히 비척거린다

울고 싶지만,
눈물마저 메마른 현실

코끝을 아리는 꽃향기
새벽안개에 묻힌 울음을 애써 삼킨다

발문

서정 미학과 휴머니티 시학의 랑데뷰

노 창 수
(시인, 문학평론가)

서정 미학과 휴머니티 시학의 랑데뷰

노 창 수
(시인, 문학평론가)

1.

유해상 시인은 전북 고창에서 나 고창고교를 거쳐 조선대학교 전기공학과를 졸업하고 전력회사에 오래 근무했다. 고교 때부터 시 쓰기에 관심을 가졌으나 생활전선에서 몰두하다 늦깎이로 2016년《한맥문학》으로 등단했다. 이후 한국문인협회, 광주문인협회 등에서 작품을 발표하는 순수서정파라 할 시인이다. 최근에 그는 시 창작 교실을 노크하면서부터 관련된 지식과 체험을 시에 한창 적용해 가는 중이다.

그의 시를 일람해 보니, 그에게 시란 곧 자기 존재를 되찾기 위한 새로운 청사진으로 인식하는 듯하다. 이번 시집에 수록된 작품 대부분이 자신의 태생, 가족, 사회구성, 그리고 직장 등에서 겪은바 그 서정성과 서사적 에피소드를 한사코 새로운 자세로 긍정적으로 끌어내고 있기 때문이다.

자식 같은 틀니 한 벌
아혼하고 셋
치과, 통증클리닉, 신경정신과, 안과를

한 바퀴 돌면 지친 하루가 가뭇하다
치아와 말수는 줄고
가실에 나락 가마니 쌓이듯
늘어 가는 약봉지들
멈춰 선 시간마다 깊어지는 외로움
세면대 유리컵 속에
퉁퉁 불은 틀니 한 벌,
생의 통점이 바로 여기다
이즈음 눈썹달은 요양병원 침대맡에
쇠잔한 달빛을 읽고 있다
불러 세우지 못해 긴가민가하는 시간
다시는 돌아 볼 수가 없다
마지막 정신 줄을 붙잡으시던 그 자태
마음이 처연해 진다

-「눈썹달」 전문

이 시는 그 흔한 하늘의 예쁜 눈썹달 모양을 미화하여 이야기한 게 아니다. 어머니의 틀니의 모양에서 가져왔다는 논리를 전개하기 때문이다. 그걸 남다르게 인식한 게 돋보이는 시다. 아흔셋 되신 어머니가 가장 아끼는 틀니는 자식과도 같다. 음식을 씹어 생명을 이어주는 틀이기에 그렇다. 그동안 날이 갈수록 어머니의 치아와 말 수는 줄어들었다. 반면 약봉지는 늘어만 갔다. 아침 세면대에서 보는 유리컵 속에 퉁퉁 불은 어머니의 틀니 한 벌, 화자는 그걸 마주할 때마다 그것이 가지런한 눈썹달과 같다고 여긴다. 소독을 위해 잠자리에 들기 전 빼놓은 틀니에는 어머니의 애틋한 마음이 서려 있지만, 그걸 보는 화자에게는 더 긴한 정을 묻혀내 보인다. 물에 잠겨 있지만 애지중지해서인지 더 통통하게도 비친다. 그렇게 보이는 것, 그건 어머니 생의 통점일 것이다. 화자는 어머니의 고생한 세월을 그냥저냥 지나쳐만 왔다. 후회되는 그의 과거를 새삼 불러세울 수도 없이 지나온 생이다. 어머니는 정신 줄을 붙잡으시려 아침이면 꼭 틀니를 찾아 끼신다. 화자는 그 반복되는 한결같음에 처연함을 느낀다. 하늘에나 가 있을 눈썹달이 밤새 어머니의 컵 속으로 내려오는 그 이치를 오버랩하여 시적 효과를 높이고 있다. 이 같은 발상은 곧 유해상의 서정이 갖는 한 장점이라 할 수 있겠다.

> 툇마루 끝에 앉아
> 진돗개의 머리를 쓰다듬으며
> 하염없이 갯가만 바라보셨다
> 문어잡이로 평생
> 노櫓를 놓지 않으셨던 장인은
> 당신 마음만 두고 우리 곁을 떠나셨다
> 연륙교가 개통되던 날
> 미동도 없이 엎드린
> 선창가 진돗개 한 마리
> 장인의 혼령이라도 씐 걸까
> 그 안에 나도 어우렁더우렁
> 넋 놓고 바다를 바라보았다
> 허공 너머 넘놀던
> 쪽빛 바다 구름 한 폭엔
> 시선 가둔 채 장인은 말을 아낀다
> 고금대교를 오갈 때면
> 내리사랑이 포말처럼 부풀었지만

명절이 다가오는지 물젖은 종이배 마냥
고금孤衾에 덮인 치사랑이
물밑으로 가라앉는다

-「고금대교 -장인丈人」 전문

완도 고금도古今島에서 사시던 장인은 이제 이 세상에 안 계신다. 장인은 툇마루의 진돗개 머리를 쓰다듬으며 갯가를 바라보는 것으로 소일하곤 했었다. 인자한 그 모습을 화자가 못내 그리워하며 쓴 게 바로 이 시다. 화자는 장인의 혼령에나 씐 듯 그곳을 갈 때마다 넋 놓고 장인의 바다를 바라보게도 된다. 고금도를 오갈 때마다 장인이 베풀어주시던 내리사랑으로 사위는 포말처럼 마음이 부풀던 아름다운 기억을 가지고 있다. 명절 때마다 찾아가는 처가이었지만, 이제는 스스로가 물에 젖은 한 종이배가 된 듯하다고 여긴다. 고금孤衾, 그러니까 화자 곁에 장인이 안 계시기에 장인과 함께 들던 이불을 이제는 홀로 덮는 이불에 밤을 보낸다. 평생 다정하시던 장인을 생각하며 못내 아쉬움을 안고 돌아오게 된 것이다. 장인과 사위의 옛 '내리사랑'이 이제는 오히려 사위가 그 장인을 못잊어 하며 장인과 집을 돌보는 그 '치사랑'으로 바뀐 현실에 처해 있음을 간곡히 노래한다. 그게 바로 시상이 머무는 곳이다. 화자는 그것을 고금대교에 빗대어 드러낸다. 고금대교古今大橋의 시작점인 고금도는 사실 완도군 소재이다. 그러나 강진 마량과 다리로 이어져 생활권은 강진에 더 가까운 곳이 되었다. 섬의 소속은 완도지만 완도를 버리고 사람들에 의해 마량과 강진에 새터를 마련한 것이다, 화자는 옛 고금도에서 정 많은 장인을 뵙던 시대를 떠나, 마량에서 고금도를 그리워하는 그 대리적 '치사랑'을 상징적으로 노래하게 된다.

가스통 바슐라르G.Bachelard는 그의 저서 『공기와 꿈』에서 구름, 바람, 나무 등에 대한 이미지에 대한 상상력은 그들의 움직임에 귀를 기울임으로써 더욱 선명해진다고 했다. 그때 내면의 울림도 함께 획득하게 됨을 말한 바 있다. 화자는 예전을 일깨운 장인의 사랑에 대해, 그 교호감交互感으로 또다른 형태의 추억을 갖는 게 바로 대리적 작용점일 터이다. 이 시에서 장인은 원래 고금도로부터 이어온 삶, 그러니까 바슐라르의 설명대로 다른 이미지의 형태로 나아가는 그 서정적 역동력을 작동시키고 있는 것이다.

마른 새벽 부시시 눈을 뜨지만
정적을 깨뜨리는 게 아니다
낯익은 커피 향이
서성대는 어둠을 문밖으로 밀어낸다
혼자만의 여유로운 시간에 흠뻑 젖어
할 일을 메모하고 묵상을 한다
소소한 일들이 잘 풀릴 것만 같다
희망은 반드시 찾아올 거라고
넌지시 귀띔을 하는 부푼 태양
식어버린 추억들은
수직으로 솟구치는 우듬지
삶의 레일을 탈선한 회전문이 멈추어 선다
하지만,
뒤돌아볼 겨를도 없이
초바늘처럼 줄곧 움직여야 한다

쫓기는 일상에서도
놓치지 말아야 할 게 있다면
바로 '지금'이다

-「골든타임」 전문

'골든타임'이란 한 생명이 마지막 위기에 처했을 때 구하고자 하는 절박한 시간을 대신하여 이르는 말이다. 그러나 이 시에서는 그런 '골든타임'을 노래하지는 않는다. 매사 일상적인 그는 마른 새벽부터 눈을 뜨자 곧 일을 시작한다. 그 시간에 정적을 깨뜨리는 건 없다. 여느 때처럼 익숙한 커피 향이 풍기는 여유로운 시간을 즐기는 것이다. 그는 하루의 일과를 메모하고 성실한 자신을 세우기 위해 묵상한다. 그가 스스로에게 변함없이 약속하듯 오늘도 태양은 희망차게 솟아오른다. 이처럼 그의 일상은 수직으로 솟는 우듬지처럼 곧다. 순간, 삶의 레일을 탈선한 회전문이 멈추는 걸 상상해 보기도 한다. 그래서 쫓기는 일상에 놓치지 말아야 할 것은 정작 '지금'이란 소중하고도 막중한 시간임을 새삼 깨닫는다. '지금'의 이 시간을 어느 만큼 충실히 살고 있는가 하는 그 돌아봄, 그게 그만의 '골든타임'이란 것이다. 그러니, 사실 골든타임에 대한 가장 올바른 정의를 한 시라고 할 수 있겠다.

2.

다음으로 그의 직업과 관련한 시를 한 편 읽어 보기로 한다. 그는 공사장에서 일한다. 함에도 공사 감독도 현장 인부도 아님을 그가 천명하며, 자신의 직업적 소이연을 형상화해 밝히고 있다. 그 전개 방식이 시의 기승전결을 따르는 절차를 따르기에 독자의 흥미를 유발하는 효과도 있다.

그는 공사 감독도 아니고
현장을 뛰는 인부도 아니다
이리저리 떠도는 뭉게구름처럼
공사 현장을 떠도는 '공사 감리'다
작업 전 안전교육 사진이나 찍히는
솔리타리 맨solitary-man
인부들이나 신호수처럼
마냥 몸을 쓸 수도 없고
감독처럼 사무실 책상 앞에 앉아
모니터링만 할 수도 없다
현장을 오가지만
몸은 얼어붙고 마음마저 식어버려
연어처럼 자꾸만 과거로 회귀한다
식사 시간만 기다리는 그는
앞 못 보는 장님처럼 이역만리를 본다
춥고 배고프고 졸리기만 한데
북두칠성은 눈에서 멀어지고
별똥별만 주위에 몰려든다
오늘도 서류 파일을 들고
작업 현장을 빙빙 거린다
생계형보다는
생활형 인간이기에 안도의 숨을 내쉰다
여기까지 힘껏 밀어준 아내에게
고마움을 느끼며
'안전이 최우선'이라고 소리쳐 보지만
닿지 못하는 곳까지

희망의 촉수를 세우는 게 버겁다
몽게구름도 들이댈 곳을 찾는다

-「뭉게구름의 실상 －감리의 세태」 전문

앞서 말한바 화자의 직업적 상황을 오롯 반영한 작품이다. 얼핏 겉으로 보면 그는 공사 감독이나 현장 인부라고 할 수 있다. 하지만 보아하니 그렇지가 않다. 공사 현장을 돌아다니며 일이 제대로 진행되고 있는지를 권면 또는 지적하여 미연의 사태를 예방하기 때문이다. 그건 '감리'라는 직업이다. 현장을 뜬구름과 같이 뭉쳐 몰려다니며 처리하고 해결하기에 그는 '뭉게구름'을 닮았다고도 말한다. 하지만 그의 일은 정작 뭉게구름처럼 돈이 마구 피어오르는 건 아니다. 실상은 고단하고 주도면밀하게 추진해야 할 뿐이다. 현장 인부들에게 안전수칙을 지키도록 교육하는 일, 그리고 합리적 진행 등의 중요한 업무를 맡고 있기 때문이다. 그는 안전교육을 사진으로 찍어 보내는 솔리타리 맨solitary-man이기도 하다. 매사 현장을 오가며 시행하기에 '연어'처럼 회귀해 가는 게 그의 동선動線이라고 말한다. 춥고 배고프고 졸리기만 하여 지침을 삼는 '북두칠성'도 그 눈에서 자주 멀어질 만큼 고되다. 그만큼 퇴근도 늦다. 그는 서류 파일을 들고 현장을 주기적으로 돈다. 이 '감리'라는 게 '생계형'이라기 보다는 '생활형'이어서 다소 안도하기도 한다. 안전이 공사의 최우선이어서 닿지 않은 곳까지 버겁게 제 촉수처럼 세우는 것, 시종의 희망이자 조치할 일이다. 사뭇 시적이지 않은 기술자란 직업적 소재를 시로 형상화한 것이다. 그의 이런 시적 능변은 서서를 서정에 대입하는 시법으로 주요 특징을 이룬다.

3.

그의 시에는 희구하는 휴머니티가 내포된 작품이 상당하다. 그런 작품에서 다음 몇 편을 골라 읽는다. 시가 스스로 향유하는 인간적인 정서란 그가 견뎌온 생활의 품성에서 비롯되는 일이다. 작물에 '북'을 돋궈주는 농부의 마음에서 사람과 이웃을 살피는 휴머니티 정분을 드러낸 다음 작품을 우선 살펴본다.

얼마나 많은 그늘을 지나왔을까
아파트 청약하러 이리저리 몰려가는 사람들
떼 지어 나뒹구는 낙엽 같다
돈만을 찾아 쫓기는 삶이었지만
열정을 다 바쳐 햇살을 만들었지
지금은 중환자실의 환자들처럼
링거를 달고 마른 몸으로 이별을 준비한다
햇살은 그늘에서 뼈다귀로 남았지만
외로운 노후, 수족을 잘리는 아픔도 받아들여야 한다
겨울이 다가오니
그늘진 일들이 눈송이처럼 불어난다
겉옷을 벗은 나무뿌리에
두둑한 북*을 북돋아 주어야겠다
소슬바람이 불어온다
불알친구에게 걸려 온,
안부 전화 한 통
포근한 햇살인 양 시린 마음이 녹는다

*북 : 식물의 뿌리를 싸고 있는 흙

-「북을 돋다 -퇴직 이후」 전문

이 시는 퇴직 이후 화자가 행하는 일상을 풍자적으로 노래한다. 시종여일 바쁜 삶 속에 살아왔듯 밝은 햇빛의 길보다는 음습한 그늘의 삶을 더 많이 지나도 왔다. 한때 주택을 마련하기 위해 아파트 청약에 기를 써서 몰려다니거나 돈만을 쫓는 삶을 살기도 했음에서다. 하지만 열정을 다한 최선의 삶이었을 것이다. 음울한 그늘에서 벗어나 밝은 햇살의 환경을 만들려고 애쓴 지난 날이었기 때문이다. 이제 노년, 중환자처럼 링거를 달고 비쩍 마른채 생의 이별을 준비하는 시기가 다가올 것이다. 외로운 노후에 이르는 아픔 또한 받아들일 수밖에 없을 것이다. 더구나 햇볕의 양이 적은 겨울이 다가오듯 생에 추위와 그늘은 밀려올 터이다. 겨울채비로 정원사는 겉옷을 벗은 나목의 뿌리에게 '북'을 돋워주기에 바쁘다. 이때, 마침 옛 '불알 친구'로부터 만나자는 안부 전화가 온다. 문득 시린 마음을 덥혀 주듯 그의 각박한 삶에 햇살이 비쳐 지기도 한다.

이처럼 나무에 '북'을 주는 정원사처럼 또는 그 아래 햇빛처럼 다정하고도 따스한 휴머니티가 그의 시에 흐른다. 생의 그늘이라는 냉기류 속에서도 밝아지는 한 틈을 발견하고 그걸 인정의 구절로 옮겨오는 것이다.

> 어릴 적, 그이가 즐겨 신던 신발은
> 바닥이 늘 차가웠습니다
>
> 낡아져 볼품은 없을지언정
> 아버님 신발보다는 훨씬 좋습니다

큰딸마냥 정이 새록새록 한
다 닳은 구두가 세월을 기웃거립니다

지나온 세월에 짝발이 되었는지
뒤축이 한쪽으로 기울었습니다

자기 기준을 맞추려는 새것보다는
마음을 헤아려 주는 애틋함일까요

몰래 버릴까 봐 신발장 안에 숨겨둔
빛바랜 구두를 사랑합니다

-「빛바랜 구두」 전문

세월이 지나면 육체는 물론 그에 수반되는 옷이나 구두도 어김없이 낡아간다. 닳아져 더 이상 신지 않은 구두는 신장 안 저 구석에 뻣뻣하게 굳어지며 빛 바랜 채 앉아 있다. 한때, 애지중지 살펴 길렀으나 이젠 다 자라 아빠의 미쁜 정이 고스란히 스민 그 큰딸처럼 구두를 들여다 보는 정 또한 새록새록 끼쳐온다. 화자의 구두는 짝발 탓인지 뒷축이 기울어 닳아있다. 언제쯤은 하마 식구들이 그가 모르게 버릴까 봐 신발장 안쪽 깊이 숨겨두기도 한다. 다행히 아직까지는 신발장 안에 고스란히 있음을 확인해 본다. 빛바랜 그 구두를 식구들 몰래 사랑할 수 있어 다행이라 여기는 것이다.

이 시는 남몰래 아끼는 물건에 대해 살피는 버릇을 감춰두고 스스로가 안도하는 심리가 잘 전해지는 작품이다. 구두라는 존재가 갖는 생태적 다행함이기도 하겠지만, 그 구두에 대한 애정과 화자의 안도감이 더 절실히 전해지기에 색다른 그 사람다운 온기를 느낄 수 있다.

물 밑을 허정거리는 달그림자

살이 차오르기 전
구름에 가려 빛도 못 본채 생을 마감했다

자식을 가슴에 묻은 부모의 마음
해 질 무렵 녹초가 되어 집에 돌아왔지만

현관 번호 키를 누르는 소리마저
'살려 달라' 울부짖는 환청으로 들렸다

차디찬 달빛에 물 머금은 객선은
잔별 눈동자에 실금 물결뿐

만월이 되지 못한 채 떠도는 영혼들이
어두운 팽목항에서 서성이고 있다

세월의 침묵마저 도용당한 저 아득한 곳

-「상현달」 전문

상현달로 상징되는 세월호에서 '살이 차오르기 전 구름에 가려 빛도 못 본채 생을 마감'한 젊은 영혼들을 다시 소환해 낸 시다. '자식을 가슴에 묻은 부모'는 '해 질 무렵 녹초가 되어 집에 돌아왔지만' 순간 '번호키 앞 소리에서 환청'으로 아이의 소리를 듣고 절망한다.

정치적으로 거듭되는 해명에도 불구하고, 역사는 진실에 다가가 이어져가기를 소망한다. 그건 살아있는 자들의 하소연이기도 하겠지만 진실은 민주주의의 국가가 마지막으로 지탱할 기둥이다. 가버린 세월로 그 '침묵마저 도용당한 아득한 곳'이 지금도 용암처럼 끓어 우리를 흔들고 있다.

현상학적 문학을 체계화한 폴란드의 비평가 로만 · 인가르텐Roman Ingarden은, 한 편의 시는 '화자가 지나온 이력'을 지니는데 여기에는 '성층'의 체계를 가진다고 설명한 바 있다. 즉 그건 (1)'소리의 성층成層', (2)'의미의 성층' (3)'양층의 중첩적 성층'으로 이미지 층위를 설정함이 그것이었다. 이 같은 과정 즉 인가르텐의 성층에 이 시의 이미지들을 대입해 보면,

(1) 소리 성층 : 〈집 현관의 번호키 소리, '살려달라' 울부짖는 환청〉으로

(2) 의미 성층 : 〈만월이 되지 못한 채 떠도는, 팽목항에서 서성이는 영혼〉으로 나타나고,

(3) 양층(중첩) 성층 : 〈세월의 침묵마저 도용당한 아득한 곳〉로 각각 연메連袂를 지을 수 있겠다.

따라서 이 시는 신심리주의 시학임을 기대어 볼 만하다. 우리는 수많은 사건과 사고를 통해 질곡의 사연과 연민을 통과하며 시대와 역사의 험난한 길목을 지나왔다. 자칫 잊어버리고 마는 진실을 기억하기 위해 고난과 고통의 층을 무수히도 쌓아왔다. 이 시는 그것을 묵묵한 성층으로 대변해 주고 있다.

4.

시가 성립되는 지점은 상식적인 소재를 저절로 엮어가는 절차, 그리고 늘 바라볼 수 있는 성격의 그 내용에 있지 않다. 이와 구별되듯, 유해상의 시의 수직에는 서정의 미학이 우듬지의 나목으로 향해 있음을 보인다. 그리고 더불어 추구하는 수평선 멀리에는 휴머니티의 배가 보인다. 전개하는 바 서정성이 그 시의 향발이라면, 휴머니즘은 목적지로 가는 시인의 이상향으로도 읽힌다.

시집 출간을 축하하며, 부디 시의 간절함과 간구를 위해 늘 깨어있는 시인이기를 희망한다.